LA BELLE
AU BOIS DORMANT

ARTHUR·RACKHAM

I0082136

LA BELLE
AU BOIS DORMANT

R.F.

LA BELLE
AU BOIS DORMANT

D'APRÈS · CH · PERRAULT
AVEC · ILLUSTRATIONS
PAR · ARTHUR · RACKHAM

PARIS : LIBRAIRIE HACHETTE

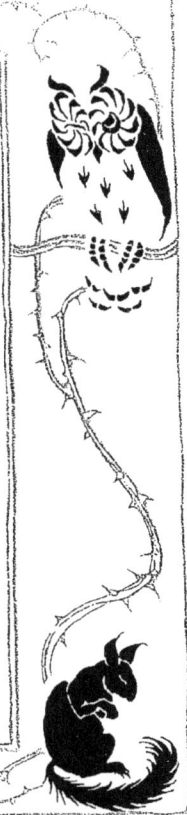

PRIMEROSE

IL·ÉTAIT·UNE·FOIS

LA
BELLE AU BOIS DORMANT

CHAPITRE I

IL y avait une fois un Roi et une Reine qui étaient très malheureux parce qu'ils n'avaient pas d'enfants. C'était le seul chagrin que leur eût apporté la vie, car ils possédaient tout ce qu'on peut désirer en ce monde. Ils étaient très riches, et vivaient dans un palais rempli de trésors merveilleux; leur royaume était en paix et leur peuple en pleine prospérité. Mais aucune de ces choses ne

B

les contentait, parce qu'ils attendaient toujours un petit enfant, et qu'après sept années de mariage, ils n'en avaient pas encore.

Chaque jour le Roi pensait en regardant la Reine : " Ah ! si nous avions seulement un enfant," et la Reine soupirait. Alors ils prenaient place l'un à côté de l'autre sur leur trône d'or, pour recevoir les hommages des ambassadeurs des pays

voisins et ils souriaient par politesse ; mais il n'y avait aucune
joie dans leur cœur. Et cela est très fâcheux pour un Roi
et une Reine d'être contraints de cacher leurs véritables
sentiments.

Un jour la Reine se rendit au bain ; après avoir renvoyé ses
servantes, elle descendit les degrés de marbre, et commença à
jouer nonchalamment avec les pétales de roses sauvages qui

flottaient sur l'eau. Tout à coup elle entendit une voix coassante qui disait :

" O Reine, réjouis-toi, car le plus grand désir de ton cœur va être satisfait."

" Qui parle ? " s'écria la Reine un peu effrayée, car elle ne voyait personne auprès d'elle.

" Regarde derrière toi," reprit la voix, " et ne tremble pas, car je viens t'apporter de bonnes nouvelles."

Alors la Reine se retourna et elle aperçut un gros crapaud qui la regardait de ses grands yeux ronds.

La Reine avait très peur des crapauds, parce que ces bêtes ont un aspect répugnant, mais comme elle était très polie, non seulement par nature mais par éducation, elle ne manifesta pas son dégoût bien qu'elle ne pût réprimer un léger mouvement de recul.

" Et que m'annoncez-vous, Monsieur le Crapaud ? " dit-elle, " que le plus cher vœu de mon cœur va se réaliser ? Comment connaissez-vous mes désirs ? "

" Ce que tu souhaites le plus au monde, c'est d'avoir un petit enfant," reprit le crapaud, et la Reine hocha la tête affirmativement.

" Très bien," continua le crapaud. " Vois-tu les feuilles vertes de cet amandier ? ".

" Oui," répondit la Reine un peu étonnée.

" Ses feuilles vertes se faneront," reprit le crapaud, " et le vent de l'hiver les fera tomber. Alors ses branches seront dépouillées, mais le printemps viendra, et avant que les feuilles renaissent, ses rameaux seront couverts de fleurs. Lorsque cet épanouissement arrivera, un petit enfant reposera sur ton sein."

La Reine poussa un cri de joie. A travers les arbres,

parut un rayon de lumière si éblouissant qu'elle ferma les yeux un instant. Lorsqu'elle les ouvrit, le crapaud avait disparu et sur l'eau il n'y avait plus que les délicats pétales de roses qui flottaient mollement.

CHAPITRE II

CES prédictions merveilleuses avaient été faites par un crapaud qui vint sans qu'on sût comment et qui partit de même. Mais la Reine ajouta foi à cette prophétie, et elle eut raison, car lorsque vint le printemps et que les branches se couvrirent de fleurs, elle mit au jour une petite fille si belle que personne n'en avait jamais vu une pareille.

Maintenant le bonheur remplissait les cœurs de tous les habitants du Palais ! Le Roi était si joyeux qu'il se rendit par inadvertance en robe de chambre à la salle du Conseil et qu'il ne prit pas garde aux sourires de ses courtisans. Des gens de toutes sortes allaient et venaient dans les salons et les corridors. Des courriers montés sur de rapides chevaux furent envoyés dans les parties les plus lointaines du royaume pour porter l'heureuse nouvelle de la naissance de la jeune Princesse. Toutes les cloches des églises sonnèrent; des drapeaux furent mis aux maisons et des banderoles suspendues à travers les rues. Puis les canons tirèrent : Boum, Boum, Boum, pour annoncer au peuple que tous avaient un jour de repos afin que le plus riche seigneur aussi bien que le

plus modeste paysan puisse se réjouir du bonheur de la Reine.

" Jamais il n'a existé une enfant aussi belle ! " disait le Roi en regardant sa petite fille couchée dans les bras de sa mère. Il n'aurait pas mieux demandé que de l'entourer de ses soins, mais c'était une chose impossible, car les hommes sont beaucoup trop maladroits pour manier des bébés.

" Comment l'appellerons-nous ? " demanda le Roi, et il énuméra les noms les plus doux à entendre qui lui vinrent à l'esprit, car il pensait qu'une enfant aussi merveilleuse devait avoir un nom en harmonie avec sa beauté ! Mais la Reine n'en voulut aucun.

"Elle s'appellera Primerose ! " dit-elle, et le Roi y consentit.

Le baptême eut lieu quelques
semaines après sa naissance. Ce
fut une fête splendide, car tous
les seigneurs et les grandes dames
du royaume y assistèrent dans
leurs plus riches habits, ainsi
que les princes et les ambassadeurs des pays les plus éloignés.
La petite Princesse fut sage
comme une image tout le temps
de la cérémonie. Elle ne cria
pas, bien au contraire, elle
ouvrait ses grands yeux bleus
et souriait à l'éblouissante

assemblée comme si elle comprenait que cette pompe solennelle était en son honneur.

Devant la cathédrale, sur la route, le peuple en foule faisait la haie pour voir le défilé des invités. Lorsque les carrosses apparurent, suivis de celui de la Reine tenant dans ses bras la Princesse Primerose, les spectateurs agitèrent leurs coiffures, poussèrent des exclamations de joie. Beaucoup de petits garçons pour avoir les meilleures places se perchèrent sur les branches des arbres ou sur les lanternes, et j'ai entendu raconter qu'une pauvre femme ne put rien voir du tout, parce que son fils avait eu l'audace de grimper sur l'enseigne d'une auberge et se trouvait dans une position si périlleuse que sa pauvre vieille mère tourna tout le temps le dos au défilé du cortège, tremblante d'effroi et d'anxiété de voir son fils tomber de son perchoir.

Au Palais un magnifique repas avait été préparé.

La coutume voulait dans ce royaume que lorsqu'on baptisait un enfant du Roi, toutes les fées du pays fussent invitées au festin du baptême. Chaque fée lui apportait un don et il était assuré de jouir d'un bonheur parfait.

Il y avait treize fées dans le royaume du Roi, mais l'une d'elles vivait solitaire dans un coin tout à fait retiré du royaume. Là, depuis plus de cinquante ans, elle s'était cachée dans les ruines d'une vieille tour, n'ayant qu'un chat pour lui tenir compagnie, de sorte qu'on avait complètement perdu le souvenir de son existence. Il en résulta qu'elle ne fut point invitée au repas de baptême et, bien qu'elle ne pût blâmer personne de cet oubli, elle en fut très mécontente. Cette fée d'ailleurs avait toujours été méchante et acariâtre, n'ayant ni tendresse, ni amour dans le cœur, et personne ne se souciait

d'elle, parce qu'elle n'avait jamais donné à personne raison
de l'aimer.

Les invités du Roi prirent donc place autour de la table
du festin.

CHAPITRE III

L E Roi et la Reine étaient assis sous un dais à l'extrémité de la salle du banquet ; derrière eux se tenaient les musiciens qui jouaient de la flûte et du hautbois. De chaque côté du couple royal étaient placées les douze marraines fées, six d'un côté, six de l'autre. Devant chaque fée, il y avait un plat d'or et un étui d'or massif contenant un couteau, une fourchette et une cuillère. Ces étuis étaient merveilleusement sculptés et gravés, et chacun avait une forme différente. L'un représentait un vaisseau, l'autre un coquillage, un troisième un château avec ses tours, et d'autres fantaisies de ce genre ; on n'avait jamais rien vu de plus admirable, car c'était l'œuvre des plus habiles orfèvres du royaume. Le Roi fut très fier lorsque les fées lui firent compliment sur la beauté de ces étuis et acceptèrent ces présents avec grand contentement.

Six longues tables réservées aux invités garnissaient le reste de la salle ; les serviteurs avaient à peine la place de passer pour accomplir leur service tant les convives étaient serrés, ce qui permet d'imaginer combien la salle contenait de monde. Une telle abondance d'argenterie, un tel luxe de bijoux, un si magnifique service n'avaient pas été déployés depuis le couronnement du Roi, aussi les hôtes étaient pleins de gaîté. Parmi les invités, il y avait un peintre chargé de faire un tableau de cette belle réception ; il fut obligé de se

c

tellement presser pour faire les croquis de toutes les tables qu'il n'eut le temps de goûter à rien ; mais il est à prévoir qu'il put dîner par la suite.

Et que de mets succulents étaient offerts !

Le menu se composait de :

Viandes accommodées avec des sauces dont les recettes venaient d'Orient ;

Sardines de Sardaigne ;
Thons de la Méditerranée et esturgeons de Russie ;
Têtes d'ours marinées avec des citrons dans leurs gueules ;
Dindons, paons et cygnes ;
Ortolans ;
Rôtis dorés et garnitures exquises ;
Cuisses de chevreuils et côtes d'ours ;

Pièces montées aux formes les plus curieuses ; gâteaux semblables à des châteaux avec des petits bonshommes en sucreries, revêtus d'une armure complète et portant une hallebarde sur l'épaule (pièce fort extraordinaire) ;

Aigles en sucre posés sur des plats d'argent remplis d'abricots.

Puis vinrent les friandises :

Petits gâteaux blancs et délicats ;

Nids d'oiseaux faits d'un morceau de sucre (dans chaque nid se trouvait un œuf, et dans chaque œuf un petit poulet de caramel) ;

Figues et dattes ;

Fruits de la saison et primeurs ;

Conserves et sirops venus des quatre coins du monde ;

Vins rafraîchis dans la glace.

De nombreux pages annonçaient les noms de toutes ces choses délicieuses.

Chaque mets était apporté par des valets qui obéissaient à un Maître d'hôtel aussi solennel et majestueux qu'un archevêque ; il paraissait pénétré de sa dignité, car grande était sa responsabilité. Chaque invité était servi par des petits pages de haute naissance, habillés de la livrée de leurs

maîtres, et ces pages offraient les plats en mettant un genou
à terre ainsi qu'on le leur avait enseigné.

Aussi les convives se réjouissaient, tandis que les instruments jouaient gaîment et le Roi souriait à chacun parce qu'il était de joyeuse humeur. Dans la salle pénétraient les rayons brillants du soleil de l'après-midi, ils s'accrochaient aux riches tentures des murs, dansaient sur les bijoux qui ornaient les doigts des princesses et tombaient sur le dallage de marbre semblable à de la poudre d'or.

Et alors, lorsque la jubilation était au plus haut degré, il advint quelque chose d'imprévu. On entendit un cri rauque semblable au croassement d'un corbeau qui résonna dans toute la salle !

" Réjouissez-vous, mes seigneurs et belles dames," criait la voix, "riez pendant qu'il en est encore temps, mais souvenez-vous que les larmes succèdent toujours à la joie ! "

Un silence subit régna dans toute la brillante assemblée. La Reine devint pâle et chancela. Le Roi se leva furieux, et lui et ses convives regardèrent avec effroi l'étrange personne qui apparaissait près de la porte.

C'était une vieille femme courbée par l'âge, dont les cheveux gris embroussaillés tombaient sur les épaules. Sa figure était pâle et crispée par la colère, et ses yeux verts lançaient des éclairs.

Lentement elle s'avança vers le dais sous lequel se trouvaient le Roi et la Reine, et, étendant le bras, montrant du doigt les plats d'or et les étuis placés devant chacune des fées, elle s'écria avec un rire sinistre :

" Il y en a une, il y en a deux . . . il y en a douze ! Ne saviez-vous pas, O Roi, qu'il y avait treize fées dans votre royaume et que la treizième était la plus sage et la plus puissante de toutes ? Où est le plat et l'étui qui me sont destinés ? ''

Le Roi aussitôt s'excusa, implorant le pardon de la vieille fée pour son oubli, et la suppliant de s'asseoir à la table et de se joindre à eux pour continuer les réjouissances.

" Car," dit-il, " vous êtes la bienvenue ! "

" Vraiment ? " s'écria la treizième fée. " Je n'arrive pas trop tard, bien que le festin soit presque terminé ! Je mangerais dans de la vaisselle d'argent pendant que mes sœurs auraient des services d'or, et il n'y aurait pas d'étui ciselé pour moi ! Certes non ! Mais je suis contente d'être arrivée à temps pour donner à la Princesse le don que je suis venue lui apporter ! "

Et la misérable créature fit résonner encore une fois ce rire qui glaça dans leurs veines le sang de tous les invités. Le Roi parvint à lui faire prendre place et le festin continua. Mais une tristesse pesait sur chacun et la gaîté ne revint pas. La vieille fée mangeait en silence, souriant de temps à autre, d'un sourire diabolique comme si elle ménageait une surprise satanique. Les autres fées lui envoyaient des regards anxieux, car elles appréhendaient tout de sa méchanceté, et la plus jeune parmi elles, qui se trouvait placée à l'extrémité de la table, se leva doucement et disparut en se glissant derrière une tapisserie. Personne ne s'aperçut de son absence.

CHAPITRE IV

ENFIN arriva le moment le plus émouvant de la fête :
les fées allaient faire leurs dons à l'enfant royale.
Pendant le festin la petite Princesse Primerose était
restée dans son berceau, gardée par une vieille servante, qui
avait déjà élevé sa mère. Le Roi donna l'ordre d'apporter
le bébé dans la grande salle du banquet. Les convives

étaient silencieux et les musiciens avaient abandonné leurs instruments.

La Reine ouvrit ses bras pour recevoir la petite Princesse endormie et la pressait tendrement contre son cœur comme si elle eût voulu la préserver de tout mal ; ce geste maternel si tendre aurait touché le cœur le plus dur. Une seule personne de toute l'assistance y resta insensible, ce fut la vieille fée jalouse et rancunière qui regardant la Reine en grimaçant un vilain sourire lui dit :

" Reine, votre figure est pâle et vos lèvres tremblent. Que craignez-vous donc dans ce jour de fête ? "

Mais la Reine frissonna et ne répondit pas.

Alors une fée se leva et dit :

" Je veux commencer. Le don que je fais à la Princesse Primerose sera la Beauté. Ses yeux seront comme des étoiles et ses cheveux brilleront comme les rayons du soleil du printemps qui l'a vu naître, ses joues seront aussi fraîches et roses que les pétales des fleurs dont elle porte le nom. Sa beauté sera incomparable."

Puis une seconde fée s'avança et dit :

" Après la beauté, elle possédera la Sagesse. La Princesse sera plus sage que jamais mortel ne l'a été."

" Je lui donne la Vertu," déclara la troisième fée.

Et la Reine hocha la tête en souriant, car bien qu'elle appréciât la beauté et la sagesse, elle savait que rien ne vaut la bonté du cœur.

Et les fées continuèrent à offrir leurs dons à Primerose.

La quatrième dit qu'elle aurait une grâce admirable dans tout ce qu'elle ferait, la cinquième qu'elle chanterait comme

un rossignol; la sixième qu'elle danserait avec une grâce parfaite, et le défilé continua jusqu'à ce que le Roi fut certain que sa fille aurait tout ce qu'il avait pu désirer. Jusqu'alors la vieille fée n'avait pas dit un mot.

Enfin elle s'avança et jetant un coup d'œil méchant sur toute l'assistance elle parla ainsi :

" Avez-vous tous fini? Alors, écoutez ma prédiction. Le jour où Primerose aura atteint sa quinzième année elle se percera la main avec un fuseau et elle mourra."

Chacun frémit en entendant ces terribles paroles. La Reine poussa un cri tandis qu'elle pressait son enfant contre son cœur :

" Non ! Non ! ayez pitié ! Jetez un mauvais sort sur moi, mais n'étendez pas votre haine jusqu'à cette enfant."

A ce déchirant appel tous les assistants se mirent à pleurer tandis que la vieille fée marmottait des mots incompréhensibles entre ses dents. Alors le Roi se dressant soudainement saisit la poignée de son épée, mais avant qu'il ait eu le temps de la tirer hors du fourreau une autre voix arrêta son geste.

" Laissez votre épée, O Roi ! Ne commettez pas un acte irréparable. Nul mortel ne peut frapper une fée sans en être puni. Rassurez-vous pour votre fille, elle ne mourra pas."

Alors apparut la douzième fée qui s'était dissimulée derrière la tapisserie et elle prononça ces paroles :

" Je viens la dernière et autant que je le puis, je réparerai le mal que ma sœur a fait. La Princesse il est vrai se percera

34   le doigt avec un fuseau lorsqu'elle atteindra l'âge de quinze ans ; mais au lieu de mourir elle tombera dans un profond sommeil, ce sommeil durera cent ans, au bout desquels le fils d'un roi viendra la réveiller.''

CHAPITRE V

A INSI la prédiction de la vieille fée sur la destinée de la jeune Princesse devenait moins redoutable, mais elle n'en était pas moins cruelle, et le Roi fit tout ce qu'il put pour qu'elle ne s'accomplît pas.

Son premier soin fut d'appeler auprès de lui tous les magiciens de son royaume et des pays voisins, leur promettant une riche récompense s'ils trouvaient le moyen de déjouer la méchanceté de la vieille fée. Les magiciens vinrent en foule, les uns avec de la barbe tombant jusqu'à leurs pieds, d'autres sans barbe du tout, les uns complètement chauves, les autres avec des cheveux embroussaillés qui paraissaient ne pas avoir été peignés depuis des siècles. Au bout de quelques jours, le Palais était rempli de magiciens et l'on ne pouvait entrer dans aucune chambre sans voir l'un d'eux, assis, plongé dans de profondes réflexions comme ne peut le faire qu'un magicien. Mais ils ne trouvèrent rien, et au bout de quelques jours, l'un après l'autre, ils repartirent non sans avoir au préalable réclamé le remboursement de leurs frais de voyage.

Enfin il vint un sorcier qui était plus savant et plus vénérable que tous les autres. Lorsqu'il eut entendu ce qu'on attendait de lui, il répondit qu'il était nécessaire qu'il allât chez lui afin de consulter ses livres secrets qui contenaient tout ce que la science de la magie avait trouvé depuis

36 la plus haute antiquité, et qui avaient été composés par le plus grand de tous les magiciens, l'enchanteur Merlin lui-même.

Il retourna donc dans sa cellule, qui était taillée dans le rocher d'une montagne, et ayant murmuré le mot magique qui faisait ouvrir d'elle-même la porte massive, il pénétra dans sa demeure et commença ses recherches.

Les ouvrages que l'enchanteur Merlin avait écrits sur la Magie étaient très nombreux, et dans chacun d'eux les matières

étaient classées par ordre alphabétique ce qui permettait de
faciliter les recherches.

Le vieux magicien chercha d'abord le mot *Princesse*. Cinq cents pages étaient consacrées à ce sujet et elles contenaient de précieuses informations dans le genre de celles-ci :

PRINCESSE : *Comment métamorphoser une petite oie en. . .*

Charme à employer pour entourer la future Princesse de hautes murailles de bronze qui ne peuvent être démolies qu'au moyen du son d'une trompette spéciale *A.V.*

(*A.V.* sont les premières lettres de deux mots magiques que l'on pouvait trouver dans tous les dictionnaires et encyclopédies de cette époque.)

PRINCESSE : *Anneau enchanté pour :*

Nouvelle méthode perfectionnée permettant de métamorphoser une Princesse en petit faon en même temps que d'autres membres de sa famille selon le besoin, et aussi de les remettre dans leur état habituel.

PRINCESSE.—Un moyen excellent pour faire grandir ou rapetisser une Princesse en lui faisant manger un champignon spécial—avec les indications nécessaires pour trouver l'endroit où poussent ces champignons—et les précautions à prendre de peur qu'en les grignotant par trop elle ne disparaisse complètement.

Et ainsi de suite.

Mais il n'était question nulle part du cas d'une princesse tombant dans un sommeil enchanté pour avoir été piquée à la main par le fuseau d'une quenouille. Lorsque le magicien eut lu les cinq cents pages qui se rapportaient au mot *Princesse*, il chercha au mot *sommeil* avec l'espoir d'avoir plus de succès. Là en effet il trouva une quantité d'informations précieuses. Il trouva de très nombreuses recettes pour provoquer le sommeil et un plus grand nombre encore pour empêcher les gens de dormir. Mais poursuivant sa lecture, le magicien poussa un cri de colère. Il avait cru pendant un moment avoir trouvé ce qu'il cherchait, mais ce ne fut qu'après avoir lu les deux cents pages consacrées au mot *sommeil* qu'il découvrit que les moyens décrits ne pouvaient être employés que pour combattre les agissements de mauvaises reines sur leurs beaux enfants. Or, il est très facile de faire une erreur en magie, car il s'agit d'une science très compliquée.

Ce savant magicien, bien que déçu, était persévérant. Se rendant compte que les livres savants de l'enchanteur Merlin ne lui donnaient aucune satisfaction, il chercha d'autres moyens d'apprendre ce qu'il désirait et consulta son oracle.

Cet oracle était un crocodile empaillé suspendu au plafond de sa cave. Quand il l'interrogea, le crocodile lui répondit de répéter la formule magique. La formule magique est une sentence composée de tous les sons étrangers au langage ordinaire et effrayante à entendre. Elle est aussi très épuisante à formuler si bien que le vénérable magicien fut obligé de se reposer plusieurs heures après l'avoir répétée. Alors il se leva, et sur le sol de sa cave traça les signes du zodiaque, des triangles et des cercles selon les rites. Il se plaça ensuite au milieu de tous ces signes en faisant des gestes cabalistiques mais sans pouvoir obtenir le moindre résultat.

Il ne se découragea pourtant pas; il se rendit dans des lieux mystérieux pour cueillir au clair de lune des herbes étranges. A son retour il mit ses herbes dans un brasier; la fumée, les nuages, les flammes, tout fut inutile, rien ne provoquait en lui la moindre inspiration. Il interrogea

encore ses flacons de cristal, ainsi que l'encre versée dans le creux de sa main, et fit encore toutes les choses qu'il avait appris à faire depuis que tout petit garçon il s'était initié à la magie.

Comme il était désespéré, une pensée subite traversa son esprit, il poussa un cri de joie, il avait enfin découvert ce qu'il cherchait. Ceci prouve qu'avec de la patience et de la persévérance on arrive au but malgré tous les obstacles.

Aussitôt il se rendit au Palais du Roi et demanda une audience. Il fut immédiatement introduit, car on ne peut pas cacher que le Roi attendait son retour avec une grande anxiété.

" Ah ! " s'écria-t-il en voyant le magicien, " avez-vous trouvé un remède à mon malheur ? "

" Oui, " répondit le vieillard. " Mon art ne m'a pas trompé ! " Et il tendit au Roi un parchemin sur lequel étaient inscrits quatre vers. Ils étaient en latin, ce qui leur donnait infiniment plus de valeur, mais il faut bien le dire ce n'était pas en très bon latin pour la raison que le vénérable magicien avait commencé à travailler dès son jeune âge et qu'en conséquence son éducation classique avait été quelque peu négligée.

Mais voici quelle était la signification de ces vers :

Le fuseau piquera-t-il ?—Alors il faut le brûler,
Ne plus avoir de fil et ne plus tourner les roues.
S'il n'y a pas de fuseau et si les roues ne tournent pas,
Le doigt ne pourra pas se piquer.

Le Roi frappa joyeusement sur sa cuisse.

"Naturellement !" s'écria-t-il. "Comment n'ai-je pas pensé plus tôt à une solution aussi simple. Il me semble, Magicien, que vous avez gagné facilement vos mille couronnes!"

"Ah ! Majesté," répondit le magicien, " toute chose est simple lorsqu'on la connaît."

Et sa réponse était pleine de sagesse.

CHAPITRE VI

L E Roi ne perdit pas un instant pour agir suivant le conseil du magicien. Le lendemain, il fit une proclamation et ordonna que des copies en fussent faites et apposées sur toutes les portes des églises, dans toutes les places publiques des villes de son royaume. Voici le texte de cette proclamation :

Attendu qu'une certaine fée malicieuse, oublieuse des devoirs qu'elle doit au Roi et à la Reine tout-puissants, souverains légitimes de ce royaume, et à la Princesse Primerose leur fille bien-aimée, a, par malice préméditée, et avec l'intention de nuire gravement à la personne de ladite Princesse, en la personne desdits puissants souverains et d'un certain nombre de leurs loyaux sujets, fait et proféré une prophétie ; à savoir : que ladite Princesse dans sa quinzième année se piquera le doigt avec le fuseau d'un rouet et que de cette blessure en résultera pour elle un affreux malheur au désespoir de ses parents bien-aimés ;

Il est décrété que tous les rouets et tous instruments à filer quels qu'ils soient, en la possession de tout sujet de sa Très Excellente Majesté le Roi, qu'ils soient manœuvrés à la main ou à la pédale ou par tout autre moyen conjointement avec tous les fuseaux, navettes, broches et tous autres accessoires à cela appartenant, devront incontinent être remis aux officiers de sa Très Excellente Majesté le Roi, désignés pour les recevoir ;

Et il est de plus décrété que si quelques personnes négligent d'observer ou d'obéir à cet édit ou ordonnance en détenant illégalement un instrument à filer ou des accessoires en dépendant, ces personnes seront poursuivies conformément aux rigueurs de la loi et seront condamnées à la peine de mort.

Donné et signé de notre main et scellé du sceau royal.

44   L'affichage de cette proclamation produisit un grand trouble dans tout le royaume. Les gens sortaient de chez eux pour contempler cette décision souveraine car on n'avait jamais vu un édit semblable jusqu'ici, et quoique très peu d'entre eux fussent capables de lire, ils comprenaient qu'il s'agissait de quelque chose de très important.

Ils demandaient donc à des clercs et à des écoliers de leur dire ce qu'il y avait sur la proclamation et payèrent un sou pour ce service, ce dont les clercs et les écoliers furent très contents étant généralement personnes nécessiteuses. Il fallait environ trois heures pour lire l'édit et pour l'expliquer ; et l'on doit admettre que tout cela aurait pu être exprimé en peu de mots, mais cette façon de faire n'aurait pas été assez digne pour une proclamation qui était en somme un instrument légal.

Le lendemain, des officiers du Roi parcoururent toutes les villes et tous les villages du royaume. Ils étaient précédés par un trompette qui s'arrêtait au coin de chaque rue et sonnait avec force. Ayant commandé l'attention il passait ensuite devant chaque maison en criant :

"Apportez vos rouets, vos quenouilles et vos fuseaux, apportez vos rouets."

Et les gens venaient, non sans gémir, les déposer devant les officiers, car le rouet est une chose fort utile dans une maison. Dans ce temps-là les femmes filaient et chacun portait des habits confectionnés avec le tissu fabriqué dans sa propre maison. Pourtant personne n'aurait osé désobéir aux ordres du Roi.

Les rouets, les quenouilles et les fuseaux furent ainsi rassemblés. Il y en avait de tous les modèles et de toutes les grandeurs, quelques-uns étaient neufs, d'autres avaient

plus de cent ans, et il était rare que chaque maison n'en eût
pas au moins un d'une sorte ou de l'autre. Ils furent envoyés
dans la capitale du royaume et l'on en fit un tas immense
dans un des jardins publics.

Le Roi, la Reine et toute la cour vinrent voir cet amas
de rouets auquel on mit le feu. Le peuple aussi accourut
en masse, pour assister à cette destruction : les flammes
s'élevaient très haut dans le ciel et le bois en brûlant faisait
entendre des craquements pareils à des décharges de
mousqueterie.

Quand tout fut réduit en cendres, le Roi rit de soulage-
ment, la Reine sourit de même, tandis que la petite Princesse
Primerose, qui s'était mise à l'une des fenêtres du Palais
Royal pour voir cet immense feu, tendait les bras en poussant
des cris de joie.

Mais les braves gens du peuple ne s'étaient pas réjouis

46 à ce spectacle parce que c'étaient leurs rouets que l'on avait
brûlés.

"Il y avait vingt ans que je l'avais, mon rouet," dit une

femme, " et maintenant je n'en ai plus. Comment pourrai-je faire pour vêtir mes six garçons ! "

" Mon rouet m'avait coûté cinq couronnes d'argent à la

dernière Chandeleur," disait une autre, " et il n'est maintenant
que flammes et fumées."

" Qu'est-ce qu'un rouet de brûlé, si cela sauve notre petite
Princesse," dit un homme. " Venez, chère maman, le Roi a
agi sagement, il ne veut faire de tort à personne."

Et il avait raison. Le Roi ne songeait qu'à empêcher
l'épouvantable prédiction de se réaliser. A peine les rouets
furent-ils brûlés que le Roi fit une autre proclamation pour
annoncer aux habitants de son royaume qu'il paierait tous
les rouets qui avaient été détruits. Et en outre il ordonna
aux marchands d'acheter dans les pays voisins de la laine
filée afin que le peuple pût la tisser sans être obligé de la
filer.

CHAPITRE VII

LA petite Princesse Primerose naturellement ne connut pas tous ces étranges événements qui avaient marqué le jour de son baptême, et le Roi donna des ordres pour qu'on n'en parlât jamais devant elle. Ce n'était certes pas une chose agréable à dire que les fées avaient décrété que la Princesse s'endormirait pendant cent ans lorsqu'elle aurait atteint l'âge de quinze ans, et qu'au bout de ce temps un fils de roi viendrait la réveiller. Aussi, on comprend que toutes les dames d'honneur ainsi que les princes qui entouraient la Princesse gardèrent le terrible secret. Lorsqu'ils racontaient une histoire à la Princesse, ils ne prononçaient jamais le mot de fuseau, et ils évitaient avec soin de lui montrer un livre où il y aurait eu des images représentant des fuseaux ou des rouets, de crainte qu'elle ne demandât ce qu'étaient ces objets. Les douaniers du Roi fouillaient avec zèle toutes les caisses et les paquets pour voir s'il ne s'y trouvait pas des fuseaux ou des rouets et si quelqu'un essayait d'en passer un en contrebande, il était appréhendé, conduit devant les juges et sévèrement puni.

Le Roi était donc convaincu que par tous ces moyens il détournerait de sa fille le fatal destin.

Tous les dons que lui avaient accordés les autres fées-marraines s'accomplissaient à merveille : la jeune Princesse devint la plus gracieuse, la plus belle et la plus sage fillette

qu'il y eût au monde. C'était l'avis unanime des lords et
des ladies qui remplissaient le palais, des servantes, même
des aides cuisiniers, et bien que les gens soient toujours portés
à flatter les souverains, ils étaient très sincères dans leur
admiration pour la Princesse.

Elle était aussi fraîche qu'un matin de printemps, avec
ses yeux bleus et doux, ses cheveux blonds et brillants comme
les rayons du soleil. Lorsqu'elle entrait dans un salon, tous
les regards se tournaient vers elle, et chacun se sentait plus
heureux parce qu'elle était là.

52 Et que dire de son intelligence? Elle avait appris à lire, à écrire et à compter sans peine. Elle connaissait non seulement l'histoire de son propre pays, mais aussi celle de tous les pays voisins, et personne ne pouvait lui en remontrer pour la géographie. Elle savait coudre et broder; elle tricotait, dessinait et peignait; elle pouvait répéter une

elle étudiait les mathématiques, la botanique, l'astronomie et même fit un peu de droit. Bref, elle acquit l'instruction la plus étendue et tout cela parce qu'elle était filleule des fées.

En dehors de ce profond savoir, elle pouvait jouer de plusieurs instruments de musique : du violon ou de la guitare, du piano, de la harpe ou du triangle, de l'orgue ou de l'harmonica, de la flûte ou d'un sifflet de deux sous, de la mandoline ; elle chantait comme un rossignol et dansait

56   Et malgré toutes ces perfections elle n'avait nul orgueil ni aucun dédain pour personne, tant elle était douce et modeste ; aussi était-elle fort aimée, sa bonté plus que

ses autres qualités lui ayant acquis l'amour de tout le
peuple, ce qui avait été justement prédit par la troisième
fée.

E

Les années passèrent et le jour arriva où la Princesse Primerose atteignit sa quinzième année.

Quel jour mémorable ! Chacun vint féliciter la jeune Princesse et lui apporter des vœux de bonheur et beaucoup de cadeaux. Il y en avait tellement, que plus d'une douzaine de servantes furent occupées à défaire les paquets. Le Roi lui donna un poney blanc avec une selle de velours rouge, des brides et des étriers en or ; la Reine un merveilleux collier de perles. Le petit marmiton qui tournait les broches dans la cuisine voulut aussi lui offrir son présent : c'était un petit sabot qu'il avait lui-même sculpté dans du bois. La Princesse

fut très émue, en le recevant et tout aussi reconnaissante que s'il avait été en or.

Une seule personne avait le cœur serré en ce jour anniversaire de la naissance de Primerose : c'était la Reine dont la figure pâle reflétait l'anxiété et la détresse.

" Voyons, voyons, ma chère," disait le Roi, " qu'avez-vous donc ? sûrement vous pensez encore à cette vieille et stupide prédiction ? "

" Comment ne pas y penser," répondit la Reine ? Elle n'est pas sortie de mon esprit depuis quinze ans, et maintenant que le jour pourrait être venu de son accomplissement, je suis pleine d'effroi."

" Tranquillisez-vous," dit le Roi. " Il n'arrivera rien. Il n'existe pas un rouet ni un fuseau à cent milles à la ronde. J'ai pris assez de précautions à ce sujet ! "

Et il se rendit très joyeux près de ses ministres qui l'attendaient dans son cabinet, mais la Reine continua à hocher tristement la tête.

Tandis que le Roi et la Reine causaient ensemble, la Princesse Primerose errait dans le Château, visitant les chambres les unes après les autres, comme elle l'avait fait fréquemment auparavant. Le Château était si grand qu'un étranger aurait pu facilement s'égarer dans les corridors, les escaliers et les salons, mais Primerose en connaissait tous les étages depuis les cuisines du sous-sol où les jours de fête une vingtaine de cuisiniers préparaient le dîner pour cent convives, jusqu'au sommet de la tour où les sentinelles veillaient avec leur pique sur l'épaule. Il n'y avait qu'un seul endroit que la Princesse ne connaissait pas. C'était une ancienne tour qui s'élevait à l'extrémité Est du Château. La porte de cette tour était toujours fermée, la Princesse en avait souvent

cherché la clé, mais toujours en vain. Les servantes lui avaient dit que la tour n'avait pas été habitée depuis plus de cent ans, et que personne parmi les habitants du Château n'y était entré, de mémoire d'homme.

Pendant les préparatifs de la fête la Princesse volait sans repos de place en place. Elle alla dans les cuisines où elle vit le marmiton tourner la broche sur laquelle était un bœuf entier destiné au repas du soir; elle pénétra dans la salle royale entièrement vide où elle admira les deux trônes d'or placés l'un à côté de l'autre sous le dais, et les brillantes tapisseries aux couleurs éclatantes qui ornaient les murs. Elle monta sur les créneaux d'où la vue s'étendait très au loin sur le royaume de son père; toujours curieuse elle alla encore plus haut et prit l'escalier de la tour pour regarder à travers les meurtrières les gens qui erraient dans les cours et qui ne lui semblaient pas plus gros que des souris. Elle descendit et continua à errer ici et là, furetant dans tous les recoins jusqu'à ce qu'elle arriva devant la porte de l'ancienne tour dans laquelle elle n'était jamais allée. Et tandis qu'elle regardait la porte elle poussa un cri de surprise et de joie.

La clé était sur la serrure !

CHAPITRE VIII

L A clé était rouillée et Primerose pensa avec ennui qu'elle ne pourrait pas s'en servir ; mais, à sa grande surprise, elle tourna dans la serrure sans difficulté. La lourde porte grinça sur ses gonds et Primerose se trouva dans une petite pièce sombre remplie de poussière. De cette pièce partait un escalier tournant que Primerose se préparait à gravir lorsqu'un bruit soudain la fit reculer d'effroi.

Whirrrr ! C'était un battement d'ailes, le vol d'une ombre aux yeux jaunes qui passa devant elle. Un hibou

caché dans la tour s'enfuyait, mais la pauvre Primerose en fut très effrayée et elle hésita pendant deux minutes prête à retourner en arrière, mais l'escalier tournant la tentait fort, et, après avoir regardé si personne ne la suivait, elle saisit ses robes pour ne pas les laisser traîner par terre, et monta l'escalier en spirale, aussi vite qu'elle put, jusqu'à ce qu'elle eût atteint le sommet. Là il y avait encore une porte. Dans cette porte était aussi une clé rouillée que Primerose tourna aussi aisément qu'elle avait tournée la première; alors elle poussa la porte et entra.

Elle se trouva dans une petite chambre éclairée par d'étroites fenêtres. Au-dessous d'une de ces fenêtres se trouvait un lit, et dans le fond de la pièce était assise une vieille femme qui filait.

"Bonjour, vieille grand'mère," dit la Princesse. "Que faites-vous là?"

"Je file, ma jolie enfant," répondit la vieille femme sans cesser son travail.

"Vous filez?" s'écria la Princesse. "Oh, faites-moi voir. Quelle est cette petite chose qui tourne si gaîment?"

"C'est le fuseau," reprit la fileuse. "Mais, mon enfant, vous parlez de cela comme si vous n'aviez jamais vu un rouet et un fuseau."

"Mais non, je n'en ai jamais vu. Comme cela est intéressant! Je voudrais savoir filer aussi bien que vous! Voulez-vous me laisser essayer?"

"Bien volontiers," dit la vieille femme. "Toutes les jeunes filles devraient savoir filer. Tenez, mon enfant." Et elle donna le fuseau et la quenouille à Primerose.

Mais soit que Primerose dans sa hâte de saisir le fuseau

s'en fut emparée trop maladroitement, soit que la fée l'eut
ordonné ainsi, il arriva que la pointe de fer effilée pénétra
dans la main de la Princesse et immédiatement elle tomba
profondément endormie sur le lit.

Au même instant, tous ceux qui se trouvaient dans le
Château, les hommes, les femmes, et tous les êtres vivants
furent plongés dans le sommeil. Le Roi, qui était assis dans
la Salle du Conseil avec tous ses ministres, s'endormit au
milieu d'une phrase, et resta la bouche ouverte, et personne
ne remarqua l'étrangeté de sa position car tous les ministres
s'étaient endormis au même moment sur leur siège. S'endor-
mirent aussi, aux portes, les sentinelles leur pique à la main
et les demoiselles d'honneur dans la chambre de la Reine,
tandis que l'une se mouchait avec son mouchoir, qu'une autre
brodait, et qu'une troisième parlait à son perroquet. La
Reine s'endormit sur sa chaise ainsi que son petit page qui
chantait et qui laissa inachevé le son qui s'échappait de ses
lèvres.

Et partout, dans le Château, le même charme opéra.
Courtisans, officiers, intendants, cuisiniers, valets, gardes,
même les chevaux dans l'écurie et les chiens dans leurs chenils
furent frappés d'immobilité comme s'ils étaient morts. Les
mouches cessèrent de voler contre les fenêtres, et les pigeons
de roucouler sur les toits. Dans les cuisines, les marmitons
furent saisis par un profond sommeil tandis qu'ils lavaient
les assiettes, ainsi que le chef en train de calotter un petit
marmiton aide de cuisine. Mais pendant cent ans, la calotte
ne devait pas arriver à destination, et pendant cent ans l'aide
de cuisine allait retenir le cri qui était sur le bord de ses
lèvres.

68   Le chien s'endormit sous la table où il rongeait un
os; ainsi que le chat devant un trou de souris et la

souris de l'autre côté dont le petit nez rose reniflait l'air avec
crainte.

L'immobilité frappa aussi les broches qui étaient au feu, toutes pleines de perdrix et de faisans, accommodés pour célébrer l'anniversaire de la Princesse Primerose, et le feu cessa de flamber.

Un profond silence envahit le Château. Dans les champs les moutons cessèrent de bêler, les chevaux de hennir et les vaches de ruminer. Les oiseaux dans les arbres ne chantèrent plus. L'air, rempli de leur musique joyeuse, devint soudain comme mort. Le vent s'arrêta se souffler sur la forêt et les nuages blancs restèrent sans mouvement dans le ciel.

*   *   *   *   *   *

Ainsi tout s'endormit dans le Château enchanté, parce que la Princesse Primerose couchée sur un lit dans la plus ancienne tour devait y dormir cent ans jusqu'à ce qu'un fils de roi vînt la réveiller.

Tout autour du Château poussèrent des ronces et des épines entremêlées de lierre, de chèvrefeuille et d'autres plantes grimpantes. Le tout formait une masse si compacte qu'à distance cela ressemblait à une petite forêt, qui peu à peu entoura le Château et s'éleva à une hauteur telle qu'on n'apercevait plus que le sommet de la plus haute des tours du Château et le mât qui la surmontait, et le long duquel pendait, sans mouvement aucun, l'étendard royal.

Et les années s'écoulèrent. Le printemps vint, les bois et les champs refleurirent, les arbres reprirent leur verte parure et les oiseaux firent entendre leurs chants, tandis que les hirondelles et les martinets construisaient leurs nids ;

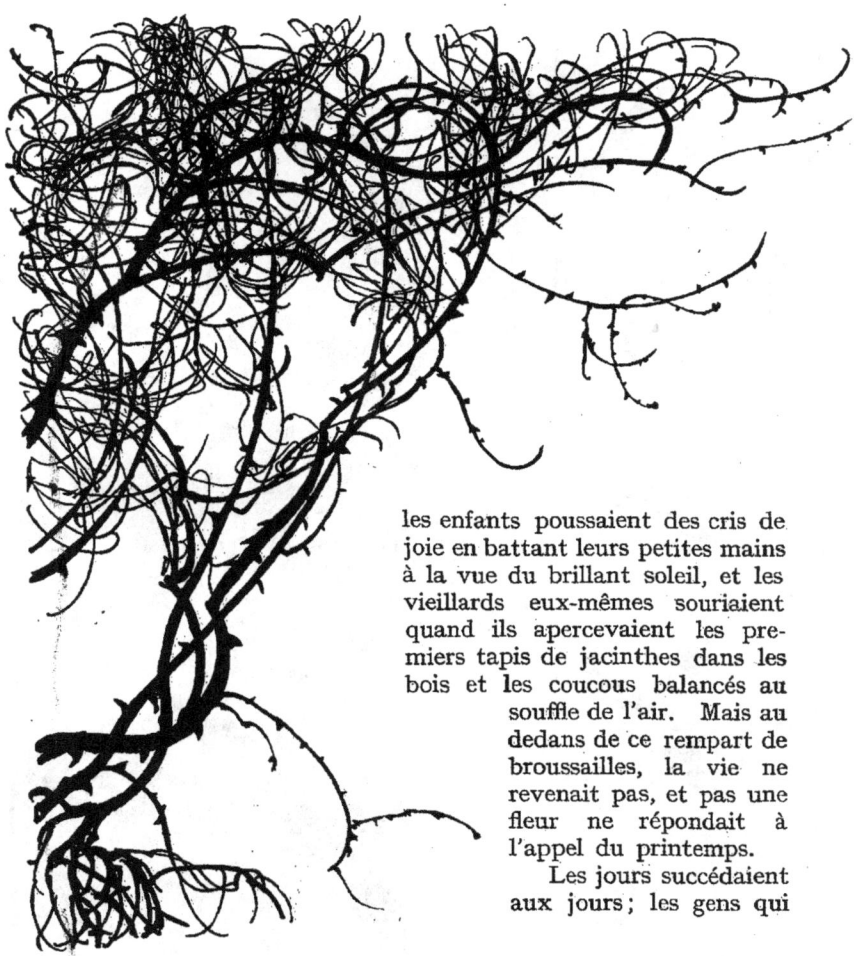

les enfants poussaient des cris de joie en battant leurs petites mains à la vue du brillant soleil, et les vieillards eux-mêmes souriaient quand ils apercevaient les premiers tapis de jacinthes dans les bois et les coucous balancés au souffle de l'air. Mais au dedans de ce rempart de broussailles, la vie ne revenait pas, et pas une fleur ne répondait à l'appel du printemps.

Les jours succédaient aux jours; les gens qui

étaient jeunes lorsque le Château devint enchanté vieillirent
et moururent, mais ils n'oublièrent jamais la prophétie de la
fée qu'un jour la Princesse endormie serait réveillée ; et ils
racontaient cette merveilleuse histoire à leurs enfants, qui
à leur tour la transmettaient à leurs descendants, modifiant
quelque peu le récit qui pour eux était devenu un conte. Et
il arriva qu'au bout d'un certain nombre d'années la légende
se répandit dans les pays voisins, et que plus d'un jeune prince
rêva qu'il était l'élu qui tirerait la Princesse de ce sommeil
magique.

De temps en temps l'un d'eux essayait de franchir les
impénétrables broussailles. Mais sans succès. Les ronces
agrippaient le malheureux jeune homme si cruellement
qu'il ne pouvait ni avancer ni reculer et qu'il périssait misé-
rablement, et ses os, blanchis par le soleil et le vent, étaient
bientôt recouverts par les herbes, les mousses et les plantes
de toutes sortes qui poussaient sous la forêt.

F

CHAPITRE IX

ET les cent années passèrent. Et il arriva qu'en ce temps un jeune Prince qui se livrait au plaisir de la chasse aperçut de loin les tours du Château enchanté qui s'élevaient au-dessus de la sombre forêt. Il n'était jamais venu en ces lieux et ne connaissait pas l'histoire de la Princesse au Bois Dormant, aussi demanda-t-il aux premières personnes qu'il rencontra, ce qu'était ce Château et à qui il appartenait.

Chacun lui fit une réponse différente. L'un que c'était un ancien Château hanté; un autre que les sorcières et les revenants du pays s'y donnaient rendez-vous pour y accomplir leurs maléfices.

"Non, non," dit un troisième; "ce Château est celui d'un ogre dont on a ici une peur effroyable, car il vole le bétail et les récoltes et souvent emporte tous les enfants qu'il peut attraper pour en faire ses domestiques, et il est impossible d'aller au secours de ceux qu'il a emprisonnés parce que la forêt qui entoure le Château est si touffue que personne ne peut passer à travers."

Et de braves gens disaient ceci et cela suivant ce qu'ils

avaient entendu depuis leur enfance, lorsqu'un très vieux
paysan s'avança.

" Monseigneur, il y a cinquante ans, dit-il mon père m'a
raconté l'histoire de ce Château, car il était né dans ce pays ;
je pense que c'est l'histoire réelle, et je vous la répéterai si
cela peut vous être agréable."

Le Prince témoigna un grand désir de la connaître, et le
vieil homme commença ainsi :

" Bien avant même que mon père vînt au monde, un Roi
et une Reine vivaient dans ce Château avec leur fille, la plus
belle Princesse qu'on eût jamais vue. Un jour, dit-on, où
l'on avait mécontenté une fée, celle-ci jeta un sort sur elle
et sur tout ce qui l'entourait et tout tomba dans un sommeil
enchanté. Mon père me dit que ce sommeil devait durer
cent ans, au bout desquels, un fils de roi viendrait réveiller
la Princesse et l'épouserait."

Lorsque le jeune Prince entendit ces mots, son cœur
battit avec force. Il eut le pressentiment que ce serait lui,
le fils d'un roi, qui romprait l'enchantement, et il s'écria :
" Montrez-moi le chemin du Château, car je veux tenter
l'aventure."

Mais le vieillard hocha la tête.

" Je ne vous ai pas encore tout dit, Monseigneur ; plusieurs
jeunes princes ont essayé de se frayer un chemin à travers
les ronces et les épines qui gardent le Château enchanté.
Chacun d'eux pensait qu'il était celui qui devait réveiller
la Belle au Bois Dormant et ils partaient tous pleins d'espoir ;
mais aucun d'eux ne revint ; leurs os blanchis par le soleil et
la pluie sont restés épars au milieu de ces plantes sauvages.
Je vous en prie, Sire, ne faites rien avant d'avoir bien
réfléchi à cette périlleuse tentative."

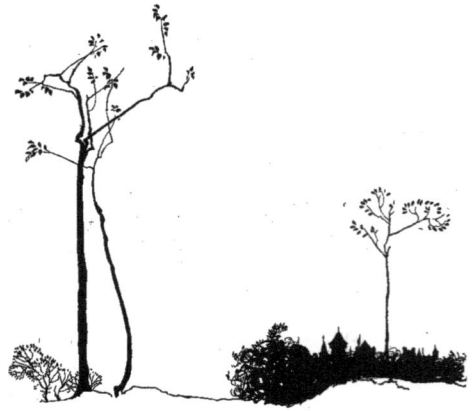

" Comment ! " s'écria le Prince avec une flamme dans les yeux, " je reculerais lorsque d'autres ont essayé ? C'est à l'instant même que je vais me frayer un chemin vers ce Château, et si je ne reviens pas, vous irez annoncer la nouvelle de ma mort."

Sans écouter les prières instantes de ceux qui l'entouraient, le jeune homme s'élança en avant, le cœur rempli du feu de l'amour et de la gloire. Personne ne pouvait lui dire le chemin qu'il fallait prendre ; mais il pouvait se diriger sur les tours du Château s'élevant dans le lointain au-dessus du bois, et quand il entra dans la forêt et que les tours furent cachées, chaque sentier qu'il prenait au hasard le rapprochait de plus en plus du lieu qu'il désirait atteindre.

Enfin il parvint à une clairière, et là devant lui se trouva une barrière de ronces entremêlées s'étendant à droite et à gauche aussi loin que la vue pouvait s'étendre.

CHAPITRE X

EN avançant un peu plus dans la forêt, le Prince constata avec horreur que les histoires qu'on lui avait dites étaient réelles ; car il aperçut, dans l'enchevêtrement des ronces, les os des malheureux jeunes gens qui avaient essayé de parvenir à ce Château inconnu. Les étoffes de soie de leurs fins habits pendaient ici et là accrochées aux grandes épines, menaçantes comme des griffes acérées. Des débris d'armures, un casque avec une couronne d'or appartenant à un fils de roi, un bouclier avec la devise d'un prince, une épée incrustée de pierres précieuses d'une valeur inestimable jonchaient le sol, et le lierre recouvrait ces reliques abandonnées parmi les os blanchis.

Aucun bruit ne rompait le silence impressionnant. On n'entendait ni le chant d'un oiseau, ni le petit bruit d'un insecte ; aucun être vivant ne remuait dans les feuilles, aucun souffle d'air ne se jouait dans les arbres. Et de tous côtés les broussailles semblaient impénétrables ; les ronces s'enlaçaient étroitement semblant guetter l'importun qui chercherait à s'emparer du secret qu'elles défendaient.

Qui aurait pu blâmer le Prince d'éprouver au fond du cœur une sorte d'effroi ? Il n'y avait pas de brèche dans la broussaille, et les épines aiguës comme des lames de poignards étaient prêtes à lacérer son corps. Mais le Prince n'hésita pas longtemps. " Serai-je venu si loin pour m'en retourner maintenant," pensa-t-il. " Ceux qui sont morts étaient des hommes courageux, et quoiqu'ils aient échoué, je veux essayer moi-même avec un courage aussi grand que le leur." Et il commença à entamer les ronces.

Il fut fort étonné de voir que les épines qui lui paraissaient si redoutables devenaient aussi souples que du duvet de chardon dès qu'il les touchait, et que les lianes de ronces, au lieu de l'enlacer, s'écartaient comme des brins d'herbe dès qu'il y portait la main. Le fourré épais s'ouvrait devant lui et les branches se couvraient de roses sauvages à son passage.

Il se trouva bientôt dans les jardins du Château. Devant lui il vit les hautes tours et les tourelles briller sous les rayons du soleil matinal, et comme il se dirigeait vers elles, il remarqua que le jardin était aussi soigné et entretenu que si des jardiniers venaient de s'en occuper. Point de mousse ni de mauvaises herbes dans les allées, du gazon que si vert et velouté que s'il venait d'être tondu, et des plates-bandes remplies de plantes merveilleuses. Les fleurs étaient épanouies, mais leurs têtes penchaient sur les tiges, et partout les arbres étendaient leurs branches comme s'ils étaient frappés de sommeil.

Partout régnait un silence profond. L'air, qui aurait dû être rempli du bruit du gazouillement des oiseaux, était lourd et langoureux. Dans le jardin aucun papillon ne volait, pas même une mouche; les jets d'eau étaient silencieux, et

lorsque le regard du Prince s'arrêta sur le bassin de marbre, il vit que les poissons qui d'ordinaire glissent entre les nénuphars restaient inertes comme s'ils étaient morts.

Ainsi il avançait toujours sans rencontrer le moindre être vivant jusqu'à ce que dans la grande cour d'honneur, il se trouva en face d'un soldat appuyé sur sa lance et la tête penchée sur la poitrine. Au premier moment le Prince pensa

qu'il ne vivait plus, il fut vite détrompé car ses joues étaient fraîches et rouges ; il n'était qu'endormi.

Il y avait dans cette cour d'autres sentinelles aussi immobiles et muettes, une rangée de hallebardiers s'appuyaient contre un mur, et, devant eux, étendu sur le gazon, le sergent, qui les commandait au moment où le charme frappa le Château, ronflait bruyamment.

Un jeune homme, un faucon endormi sur le poing, dormait appuyé au cheval lui-même endormi qu'il allait monter. Un jeune page, avec un chien en laisse, un groom dans l'écurie tenant encore une paille dans sa bouche avaient l'immobilité de statues.

Le Prince regarda dans les écuries; les chevaux dormaient le nez dans leur mangeoire, exactement dans la même position qu'ils avaient cent ans auparavant, et sur le dos de l'un d'eux, un petit chat continuait sa sieste. Et çà et là, des grooms et des garçons d'écurie dormaient profondément, couchés sur la paille.

Des écuries, le prince se dirigea vers les cuisines où le même spectacle extraordinaire l'attendait, et il ne put s'empêcher de rire en voyant le cuisinier chef arrêté dans son geste de calotter le pauvre petit marmiton. Devant le feu étaient alignés les faisans et les perdrix destinés au repas d'anniversaire de la Princesse; sur la table une servante s'était endormie les mains plongées dans la pâte avec laquelle elle fabriquait un gâteau, et à côté d'elle une autre servante tenait une poule noire qu'elle était en train de plumer. Au fond de la cuisine un marmiton était encore penché sur la marmite qu'il récurait.

Le Prince continua sa marche, il pénétra dans le grand hall où les courtisans dormaient dans les embrasures de fenêtres ou étendus sur le parquet luisant. Le silence était si profond que le Prince pouvait entendre battre son cœur. Et il traversa des salons, des corridors, monta et descendit des escaliers, et atteignit la chambre de la Reine où elle dormait entourée de ses demoiselles d'honneur ; l'une d'elles qui faisait une lecture à la Reine lorsque le sommeil la frappa avait laissé tomber son livre sur ses genoux. Puis, le Prince entra dans la pièce où le Roi tenait conseil avec ses ministres assis autour d'une table. C'était admirable de les voir aussi figés que des personnages de cire dans un musée. Quelques-uns étaient absorbés dans de profondes méditations, d'autres souriaient comme s'ils allaient émettre une idée ingénieuse. Le Roi lui-même, au centre de la table du conseil, s'était sans doute endormi au milieu d'un discours, car son bras étendu semblait par un geste appuyer sa parole. A ses côtés, son secrétaire tenait encore dans ses doigts la plume avec laquelle il transcrivait sur un parchemin les paroles royales.

Et le Prince se hâtait d'ouvrir les portes qu'il rencontrait et de visiter toutes les chambres. Car il savait bien qu'il n'avait pas été partout puisque nulle part il n'avait encore découvert la Princesse endormie. Il avait aperçu beaucoup de jeunes dormeuses de très grande beauté, mais son cœur lui disait qu'aucune d'elles n'était la jeune fille qu'il devait éveiller.

Alors il retourna dans la cour d'honneur et monta l'escalier qui conduisait aux créneaux. Il y vit les sentinelles qui surveillaient la campagne et devaient annoncer la venue des voyageurs. Mais eux aussi étaient endormis. L'un d'eux faisait encore le geste de porter sa trompe à sa bouche, interrompu par le charme qui l'avait endormi.

Des créneaux, le Prince pénétra dans l'intérieur des tours, refuge des chouettes; elles dormaient aussi dans les crevasses des murs, et de même les chauves-souris suspendues par leurs pattes aux chevrons de la toiture.

Il ne restait plus à explorer qu'une petite tourelle : c'était la plus ancienne des tourelles, à demi ruinée; les portes avaient leurs gonds rouillés et un lierre épais grimpait le long des murs.

Le Prince sentit battre son cœur; il pressentait que là il trouverait ce qu'il cherchait. Il ouvrit une porte qui grinça sur ses vieux gonds; avec une furieuse impatience il gravit l'escalier vermoulu, poussa enfin une porte tout en haut de la tour et pénétra dans une petite pièce sombre.

Et alors, émerveillé, il poussa un cri de joie en voyant la Princesse couchée sur le lit placé sous l'étroite fenêtre.

Elle était étendue, avec ses merveilleux cheveux d'or épars autour d'elle. On ne saurait trouver de mots pour dire combien elle était belle ! Doucement le Prince s'approcha et se pencha vers elle. Il toucha ses mains; elles étaient chaudes de vie, mais elle ne bougea pas. Aucun son ne sortit de ses lèvres fraîches et douces comme des pétales de roses; ses yeux étaient fermés.

Longtemps le Prince la contempla; de sa vie il n'avait vu de Princesse d'une beauté aussi accomplie. Alors soudain il se baissa et l'embrassa sur les lèvres.

Ce fut la fin de l'enchantement. Les paupières de la

Princesse battirent ; lentement, elle releva la tête et étendit les bras.   Ses yeux s'ouvrirent.

"Est-ce vous ? Prince," dit-elle.   "Comme vous avez été long à venir ! "

CHAPITRE XI

DÈS que le charme fut rompu, le Château entier se réveilla.

Au plus profond silence succéda un bruit et un tumulte incroyables. Les horloges sonnèrent, les portes claquèrent, les chiens aboyèrent, les coqs chantèrent et les poules gloussèrent, une brise s'éleva et les branches des arbres se balancèrent et craquèrent; les colombes roucoulèrent sur les toits et les hirondelles volèrent dans le ciel; les mouches entrèrent et grimpèrent sur les fenêtres, tandis que les souris couraient sous les lambris et sur les poutres. Le jet d'eau dans le jardin s'élança de nouveau à soixante pieds en l'air, et les poissons nagèrent joyeusement à travers les nénuphars; les fourmis sortirent de leurs fourmilières et parcoururent les sentiers; les abeilles dansèrent et butinèrent les fleurs sous les rayons du soleil. Dans chaque arbre du jardin un rossignol s'éveilla et commença à chanter, des moineaux piaillèrent, des geais crièrent, des mésanges voletèrent et des fauvettes jetèrent leur cri perçant. Dans le bois on entendit l'appel du coucou, et un merle courut ici et là. Dans les écuries les chevaux se réveillèrent et hennirent dans leur box; le chat sauta à terre et courut après une souris qui

G

surgissait de la paille. La sentinelle qui veillait à la porte d'honneur, se frotta ses yeux et reprit instantanément sa garde, car elle croyait n'avoir dormi que quelques minutes, et elle craignait que quelqu'un n'eût surpris sa distraction et

n'en fît un rapport à son sergent. Les hommes de garde reprirent leur service et le sergent commença à crier des ordres d'une voix furieuse, car il avait honte d'avoir dormi devant ses soldats. Le jeune fauconnier se prépara à partir,

son faucon sur le poing, ainsi que le page et son chien. Sur le sommet de la tour du Château, l'étendard royal, qui pendait lamentablement le long de la hampe, s'agita de nouveau sous la brise légère.

Les broussailles qui avaient poussé tout autour du Château enchanté disparurent ; les faisans prirent leur vol dans les bois, les martinets sortirent de leur nid et se lancèrent au-dessus des toits ; les cochons commencèrent à grogner, les bœufs à meugler, les moutons à bêler, les corneilles à croasser et les enfants à rire et à chanter. Bref, tous les bruits que nous entendons chaque jour et auxquels nous ne prenons pas garde se firent entendre et semblèrent encore plus surprenants après le profond silence qui avait régné pendant si longtemps.

Dans toutes les pièces du Château tous ceux qui dormaient depuis cent ans se réveillèrent et reprirent leurs occupations comme si rien n'était arrivé. Dans la cuisine les flammes pétillèrent, la bouilloire commença à ronfler, et le tourne-broche que surveillait le petit marmiton se remit à tourner.

"Attrape ! " cria le cuisinier, lui donnant la correction promise cent ans auparavant. "Prends ça pour ta paresse."

" Dieu du ciel ! " s'écria la servante qui plumait un poulet noir, "qu'est-ce qui m'a pris de dormir comme cela. Pourvu que le chef ne m'ait pas vue ! " et les plumes volèrent sous ses doigts diligents.

Miaou ! fit le chat, en se jetant sur la souris qu'il avait

guettée depuis cent ans, mais la souris disparut en un clin
d'œil.

" Malheur ! " s'écria la servante qui lavait les plats ; " je
crois que je me suis endormie avec cette saucière dans les
mains. Quelle chance de ne pas l'avoir lâchée." Et elle
reprit son occupation.

Dans la laiterie les servantes qui s'étaient endormies
pendant qu'elles battaient la crème et battaient le beurre
reprirent leur ouvrage, et la crème n'était pas tournée, bien

94 qu'elle eût cent ans d'existence. Mais une mouche qui était restée engourdie sur le bord d'une jatte s'éveilla, tomba dans le lait où elle se noya, et cela arriva parce que le Château n'était plus enchanté.

Dans l'antichambre de la Reine, les demoiselles d'honneur
et les dames d'atour s'étiraient et bâillaient; chacune d'elles
pensait qu'elle était la seule que le sommeil avait gagnée, et
toutes ensemble cherchaient à expliquer qu'elles n'avaient
dormi que quelques secondes.

"La chaleur en était cause," se disaient-elles les unes
aux autres. "Le soleil est vraiment chaud dans cette
saison."

Dans a chambre du Conseil, le Roi et ses ministres se
redressèrent brusquement. Les ministres se frottèrent les
yeux et semblaient tout honteux, car chacun pensait aussi
avoir été seul à commettre une telle inconvenance.

"Votre Majesté disait . . .?" demanda respectueusement
le premier ministre en s'inclinant profondément.

"Je disais . . ." répondit le Roi. . . . "Que disais-je
donc?" Et il étendait ses membres en bâillant. "Excusez-
moi, Messieurs, je crois que j'ai dormi. Oh! Oh! mes
jointures sont bien raides."

"Ce n'est qu'un petit somme," reprit le premier ministre.
"Votre Majesté s'est trop fatiguée hier à la chasse. Si Votre
Majesté le permettait nous pourrions remettre à demain la
suite du Conseil?"

"Continuons, Messieurs, continuons," s'écria vivement
le Roi. "Mon petit somme m'a bien reposé. Que disions-
nous? Quelle loi discutions-nous il y a quelques minutes?"

Mais à ce moment-là, un page entra dans la chambre du
Conseil, apportant un message de la Reine, et aussitôt que
le Roi l'eut reçu il se leva et sortit de la pièce.

Seule parmi tous les habitants du Château, la Reine avait

compris de quel sommeil enchanté elle se réveillait. Elle se souvenait des paroles de la marraine fée, et elle savait ce qui avait dû se passer. Certainement tous les êtres vivants du Château s'étaient endormis comme elle il y avait cent ans.

Sa première pensée fut pour sa fille la Princesse Primerose. Où était-elle? Que lui était-il arrivé? Qu'allait-il advenir pour que le souhait prononcé par la treizième fée se réalisât?

En peu de mots, elle communique son inquiétude au Roi, et aussitôt des messagers furent envoyés dans tout le Château à la recherche de la Princesse.

Pendant ce temps Primerose et le jeune Prince causaient ensemble dans la tour en ruines. Pour la première fois elle entendait l'histoire de l'enchantement, et ses yeux exprimaient le plus grand étonnement tandis que son amant lui racontait les choses étranges qui s'étaient passées dans le Château. Lorsqu'il parla des broussailles et des infranchissables fourrés où plusieurs hommes avaient trouvé la mort en essayant de les franchir, ses yeux se remplirent de larmes.

"Comme leur courage était grand!" soupira-t-elle. "Oh! si je pouvais leur rendre la vie."

Mais le prince embrassa es slarmes et cessa de rappeler ces tristes événements. Elle sourit de nouveau très heureuse, car elle comprenait que tout ce qui était arrivé était l'accomplissement des prédictions des fées.

Alors le Prince prit les mains de la Princesse et l'aida à se lever de ce lit où elle avait dormi si longtemps. Ils

descendirent l'escalier tournant et vinrent jusqu'au chemin
de ronde des créneaux, où ils rencontrèrent une foule de
courtisans haletants qui parcouraient le Château pour la
trouver.

Et quelle ne fut pas leur surprise en voyant Primerose
accompagnée par un jeune homme qu'ils n'avaient jamais
vu auparavant ! Elle semblait avoir encore embelli pendant
son long, long sommeil !

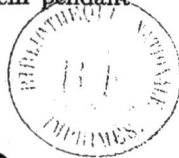

Comment décrire la joie du Roi et de la Reine quand ils revirent leur fille et qu'ils comprirent que la bonne fée avait tenu sa promesse ? Le Roi était si heureux qu'il répétait sans cesse : " Dieu soit loué ! Dieu soit loué ! " Mais la Reine ne pouvait pas dire un seul mot, car elle pleurait de joie.

Quel festin merveilleux il y eut cette nuit-là !

En dépit des cent années écoulées, c'était encore le jour de l'anniversaire de la Princesse et, en réalité, elle n'avait pas plus de quinze ans comme avant son sommeil. C'était sa fête et ce furent aussi ses fiançailles ; le Roi joignit les mains de Primerose à celles du jeune Prince et leur donna sa bénédiction.

FIN

PRINTED IN GREAT BRITAIN
BY RICHARD CLAY & SONS, LTD.,
BUNGAY. SUFFOLK.

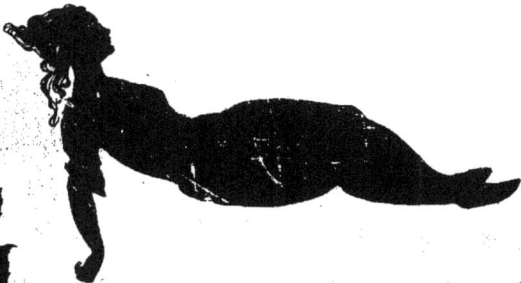

LA BELLE
AU BOIS DORMANT

BIBLIOTHEQUE NATIONALE DE FRANCE

3 7531 00538200 8

www.ingramcontent.com/pod-product-compliance
Lightning Source LLC
Chambersburg PA
CBHW060635100426
42744CB00008B/1639

* 9 7 8 2 0 1 1 8 8 0 6 3 5 *